머저리들!
MERJEORY

유도연 지음

가장 아름답고 멍청한 요즘 청춘들이 봤으면 하는 마음,

그리고 안 봤으면 하는 마음으로.

우리는 돈을 보고 따라가지 않아.
명예나 명성을 보고 따라가지 않아.
단지 눈에 보이지 않는 영원한 것을
찾아서 따라갈 뿐.

-유도연-

성공을 위한 집념

어느덧, 반 정도 살았다.
반복하고 또 반복하며 반 정도 살았다.

그 중에서도 실패의 경험은 절반도
넘을 것이다.

그런게 인생.

앞으로의 남은 반도
또, 절반은 넘게 실패하겠지.

그런게 인생.

지금 이 글도 실패,
의문의 패배.

꼬여버렸어

말이란,
글이란,

뱉고 쓰면 항상 꼬이기 마련.

왜 지금도, 아직도 쓰고 있는 것인가.

아, 배배 꼬인 내 인생.
달면 삼키고 쓰면 뱉는 내 인생에
어쩌다 글이, 말이
이리저리 뒤섞여 꼬여있는가.

배배 꼬인 내 인생.
창자가 뒤틀린 기분을 어떻게 말로,
글로 표현할까.

탐앤탐스와 스타벅스

당연히 스타벅스.

미련한 선택은 하지 마시길.

한 번의 맛을 한 번의 시간을
소중히 가득담아
정성스럽게 마시길.

마음은 더욱 요동치며
소란스럽도록.

Fuckin U.S.A

ㅂㄹ

멈추지 않길 바래!
하늘을 보라!

박력있게!
발랄하게!

벌레 뿐인 하늘,
세상이 오기 전에.

에이, 별로!

구름과자의 매스꺼움은 아름다운 것

나무가 흔들리는건지,
하늘이 흘러가는건지 모를 자리에
누워 하늘을 바라보았다.

친애하는 나의 친구는
옆에 누워 구토를 꺼억꺼억
참고있다. 새 소리와 함께.

우리는 함께,
한 대 피웠다.

안티 팬이 여기에 있다.

패션!
패션!
패션!

사람을 덮어버리는 역겨운
옷 쪼가리들.

패션이 사람을 덮쳤다.
패션이 참 싫다.

Covid-19

얼굴의 반이 세상에 먹혀버렸어!

하는 것

계속 하는 것,
나의 동경.

그것이 지속되는 것,
그 또한 나의 동경.

순환과 무한.

영원의 동경.
나.

담배

끊은지 11년,
하나도 힘들지도 괴롭지도 않았다.
그냥 그랬다.
적당히 자극적인 친구 한 명
잘라낸 느낌 정도.

사람 잃는 것 따위.
하물며 담배 따위야 더욱이나 더 쉽지.

아쉽지만 그냥 하나
없어지는 것.
수많은 내 인생의 하나 중에
0.00000081개 정도 사라지는 것.

토

나는 무한과 영원을 추구하지만,
모든 것이 그 자리에 있지 않고
흘러가는 영원함 또한 믿는다.

성공에 우쭐 될 것도,
가난에 쫄 필요도 없다.

한 쪽은 잠깐의 행운을,
나머지 한 쪽은 잠깐의 불행을 맛보고 있을 뿐.

그렇게 우리는 흘러간다.
오랜 시간 거친 파도와 함께.

토 나오는 인생.

나에게로의 선물

신념 따위 개나 줘버리라지.

나는 개.
신념 앞에 꼬리 흔드는
사나운
나는 개.

환영이 만들어내는 것들

우리는 돈을 보고 따라가지 않아.
명예나 명성을 보고 따라가지 않아
단지 눈에 보이지 않는 영원한 것을
찾아서 따라갈 뿐
실체가 없는 무언가를.

우리는 우리 그 자체.

가치는 스스로 만드는 것.
유명한 무언가가 우리의 가치를
만들어주지 않아.

여전히 허우적대는 주제에
유명무실만 가르치는
한심한 어른들.

서울의 밤 공기를 타고
우리는 날아다니고 있다오

서울은 미쳤고, 한국은 미쳤고.
그러나 그 밤은 또 지낼만 하고

미친 서울, 미쳐가는 한국에
우리는 세상을 진지하게 대할 필요가 없고.
그렇게 진지하지 않은 우리를 보여주기 위해
가장 진지하게 놀아, 놀며 또 놀며, 우리를 증명하며.
가장 진지하게 나를 대하며.
그렇게 당신이 말하는 세상과 나는
언제나 멀리 있지.

가늠하지 못하는 끼와 흥분 그리고
저항정신을 짓누르지 말아주오.
있는 그대로의 우리를,
있는 그대로의 당신을
그 자리에서 정면으로 바라보며 싸워 나갈 테니
각자 갈 길 가되, 같이 갈 길 가오.
그렇게 한 걸음, 또 한 걸음
우리답게 걸어 나아갈 테니
당신들 따라오라 하지마오.

자유를 누리고, 넘어지고 다시 일어서며
진실을 마주할 용기는 남아있으니
제발 당신들 따라오라 하지 마오.

서울에서 태어나 그 끝은 서울이 아니니

그래서
그리워서 또 다시 서울!
이 미친 서울!
건배!

잘났어 정말.

어차피
똑같이 때 좀 묻고
빚 좀 있는 사람들끼리 눈 앞의 이익따라
욕 좀 하다가
때론 칭찬도 좀 하다가
깊이 묻어두고 살아들 가는거
아닌가요.

잠깐 잘났다고
잘난척은.

효자 베이커리에서
웃고 있는 빵을 사고

우연히 사게 된 재밌게 생긴 빵.

그렇게 우연은,
내 몸의 웃고 있는 파란 태양으로 스며들었다.

멋

멋과 흥을 위한 패션이지만
아니,
패션이란 멋과 흥과 쾌락을 위해
태어났지만

패션이란
패션이란 타이틀에서 벗어났을 때,
비로소 패션이 된다.
비로소 빛이 난다.

아리러니하게도
패션은 패션이 아닐 때가 가장 패션이고 멋이 난다.

패션에 눈이 먼,
내 눈에는

연신내 불오징어

두꺼비집에는 언제나 빛이 있지.
고등학교 때부터 지금까지

먹기만 했지,
한 번도 갚은 적이 없다

두꺼비집에는 언제나 맛이 있었고
사랑이 있었지
언제나 그녀와 함께였지.

나의 영원한 불오징어
뜨거운 그녀.

사랑을 담아.

먹는게 참 좋아
먹는게 참 예뻐

청춘스타 18

가만히 있지 못하는 지금!
안절부절 못하는 지금!

지금.
지금.
지금.
지금.
지금.
지금.
지금.

나

인플레이션

행동의 크기보다
말의 크기가 큰 사람이
난무하는
이 세상 속에서

우리는 무슨 말을 하며
살아야 할까.

자고로 사람은
말이 커야 큰 사람이지.
훗!

그렇게 거대해진 말풍선이
이제 곧
팡!

죽음

아, 영원한 지금이여.

나의 영원함이 끝내 끝나,
곧 만나.

이 영원보다 끈질긴 새끼야

행복

술, 담배, 일, 패션, 축구, 섹스
사랑

아,
행복했던가?

내일 안에는 행복이 있을까.

바보같긴
다 좋았으면서.

패배자의 고백

나는 실패했습니다.
그 누구보다 당당하던 나는 기어코
실패하고 말았습니다.

오늘도 가장 잘 보이고 싶은 그녀의 마음에
큰 구멍을 내었습니다.
마음에 생긴 그 큰 구멍보다 더 큰 그 눈에서,
그녀의 눈빛에서
깊게 자리 잡은 수분과
차디찬 빛을
기어코 끄집어 내었습니다.

나는 항상 실패합니다.
명예에도, 돈에도 굴하지 않고 당당하던 내 인생은
어찌나 그녀를 만나면 이토록 실패하는 것인가요.
왜이리 작아지는 것일까요

잃을까 두려움에
무서워 물러섬에
크게 짖던 나의 소리가
그녀의 마음에
영원한 소음으로 자리 잡은 것인가요.

그런건가요
사랑의 시간이란.

잊고 잊어서도 결코 잊을 수 없는
한 점 부끄러움과 속죄가
지워지지 않고
상처로만 자리잡아
거짓 웃음으로 포장하며
그저 살아가는 것인가요.

나는 거부합니다.

꿈

잠들면
꿈을 꾼다지만

난,
코를 먼저 고네

시끄러워 다른 이들은
잠못드네.

나의 빌어먹을 이 높은 콧대 소리에,
내가 사랑하는 이들이
잠못드네

내가 사랑하지 않는 시간이
내가 사랑하는 사람들을 괴롭히네

아
통쾌해!

텐트 안에서의 나의 존재

모든 것이
그대로인 줄 알았던 것이

모든 것이
새로운 것들이었네.

익숙했던 텐트가 새 것이었고
그 자리라 생각했던
그대로로 생각했던
칼, 가위, 그릇들이 모두 각기 다른 위치에
달라져 있었네

겨울이 가고
여름이 왔다!

계절이, 공간이 계속 바뀌어도

내 사람,
내 애인,
내 시간은
모두 그대로네.

그토록 변화를 원했던 나는
그대로고.

세상이 이토록 흘렀지만
나만 그대로고 또 그대로네.

나이만 높아지네
씨부랄.

죄인

나는 죄인.

모든
원하는 것, 좋아하는 것만
하고 살았던
나는 죄인

웃고 떠들던 나는 죄인.

지금까지 살았던 나는
죄인

모두 미안합니다.
내가 나답게 살아
모두에게 너무 미안합니다.

당신들의 권리와 자유를
일부분 뺏어 나의 일부로 만들어
너무 미안합니다.

그래서 나는 죄인.

연인 1

아름답게 태어나
이 지긋지긋 나를 만나,

웃지도
울지도
못하는 그대는

바로 나의 연인
내가 바로
그대의 연인.

연인 2

같이 죽고 싶어.

아니,
내가 먼저 죽고 싶어

그래도 너무 슬퍼마오
그대여.

살면서 미워했던
그 순간만 기억하여
너무 슬퍼마오.

내가 죽으면 너무 슬퍼마오
내가 너무 사랑하는 그대여.

먼저 죽지 마오.

파스타

인생은 언제나 불규칙.
계획도, 행동도,
웃음도,
특히 음식의 맛이.

넣었다.
울퉁불퉁 마늘을
가로세로 대파를
베이컨을!
토마토 소스를!

예술을,
불규칙적인 과정을 담아내는 그것을
너무 사랑하지.
빌어먹을 파스타!
너무 맛있어!

인생 자체가 너무 예술.
시간 자체가 너무 예술
아니,
지금이 너무 예술!

파스타가 너무 좋아.

파스타는
축제 그 자체!

내 인생 만세.

회고록 24-38

열정으로 가득했던 내 청춘
젊음으로 가득했던 내 열정이
기어코 나에게 화살로 다가옵니다.

그 뜨거웠던 지난 날의 온도는
나뿐만이 아닌 그대들에게도
화상을 입혔으니.

미안하오
미안하오.

내가 그리려던 지도로 인해
입은 피해, 감정적 화상

모두 내 탓이오.

그냥 지나칠 수 있는 온도인 줄 알았습니다.
적당히 피해갈 수 있는 불인 줄 알았습니다.

그리고 난 용서받을 수 있을거라
자만했었습니다.

그대들은 용서했을지 모르지만,
난 아직도
내가 수치스럽습니다.

내 열정, 내 젊음을 위한
선택에
당신들을 태운 것이
자랑스럽고 또 부끄럽습니다.
그래서 이렇게 미안하고, 또 미안합니다.

나도 내가 살아가기 위해
여전히 고개를 떳떳하게 들고는 있지만,
사실은 그 들고 있는 목이 매우 아픕니다.

청춘과 젊음의 왕관이 이렇게나
무거운 것인지
이제서야 조금은 알 것 같아 매우 난감합니다. 나는

당신의 신념을 빌려주어
너무 감사합니다.
내가 살아갈 수 있게 참아주어 더욱 고맙습니다.

내 청춘의 전부였던
꿈의 지도(MAPS)

내 청춘과 저 멀리 아지랑이처럼 꿈틀거리고 있는
그 꿈을 잇는 그 중간에 그대들 모두가 있음을
너무나 인정해서,
내 지난 날을 생각하면 다시 또 부끄럽고
계속 고개가 숙여지며
이토록 얼굴이 화끈거립니다.
이것이 뜨거웠던 청춘의 증표인 것일까요?

이렇듯 떳떳하지 못한 나는,
그래도 계속 걸어 갈 것입니다.
아직 태울 것이 더 남아있어,
계속 걸어 갈 것입니다.

다시 나를 마주친다면,
나를 꼭 때려주세요.

나는 안아주겠습니다.

비둘기

내 창문 앞에서
그만 울고(웃고)

제발 꺼져줘.

물

난 어째서 항상 물에 빠지는 것인가
가라 앉는 것인가.

그저 편히 누워 하늘을 바라보고
싶은 것인데

빠르게 헤엄 칠
생각도, 용기도, 자신도 없는데
욕심도 없는데
왜, 가라 앉기만 하는 것인가.

그래
더욱 힘줘서 가라 앉아
단단한 잠수함이 되어
용궁으로 가자!

소크라테스와 장자 1

아는 것과
모르는 것.

유용한 것과
무용한 것.

현실과
꿈.

지성과 감성.

쓸모와 쓸모없음에.

지식과
지혜와.

평생 싸워라
병신들아.

Time Attack

지금의 시간을,

삶과 죽음을,
나는
모두 사랑할 용기가 부족해

살아가는 것도,
죽어가는 것도

너무 초조해
아직.

해방일지1

술이 취해 종종 사무실에서 잠이 든다. 신발은 벗은 채로, 때론 신은 채로. 햇빛에 눈을 뜨면 통 창으로 아침의 풍경이 보인다. 물을 한 잔 마시고, 옷을 주섬주섬 입고 어제의 일을 떠올린다. '아, 그랬었지', '마지막엔 누가 왔었지?' 그런 생각들에 피식 웃고 만다.

사무실 앞에 애견 미용실이 있다. 꽤나 대단한 집의 자식들인지, 이곳으로 미용받기 위해 들어가는 걸음걸이가 제법 품위있고 풍모가 남다르다. 그들은 알까? 그들의 부모가 대기업 회장이고 소녀시대의 멤버이고, 미스코리아 누군가라는 것을.
모르니까, 그것이 참 사람보다 낫다고 생각한다.

해방일지2

야근을 하고 홀로 사무실을 퇴근할 때면, 애견 미용실 앞에 거주하는 고양이들을 마주한다. 어느 날인가부터 고양이를 마주치면 자리에 앉아 그들을 관찰한다. 또렷이 그들을 쳐다보면서, '그래, 이 녀석은 언제든지 나에게 뛰어들어 내 얼굴을 할퀼 수 있겠어'라는 상상을 하면서 오랜 시간 대치한다. 그러다 결국 난, 몸을 비틀고 바닥에 뒹구는 그의 애교에 또 피식 웃고 만다.

어떤 날, 내 차 본네트 위에 작은 사자의 발자국이 제법 많이 새겨져 있는 것이었다. '살면서 이렇게 예쁜 도장은 처음 보는걸?'하고는 세차를 일주일간 하지 않고, 그 발자국을 계속 보며 흐뭇해했다. 그 일주일간 모든 일, 모든 순간이 아름답고 귀여웠다.
'내 차의 쓸모는 이런 것에 있구나. 드디어 비싼 값 하는구나.'

사람이 사람을 좋아한다는 것

보이지 않는 선이라는 것이 있지.
말로는 표현하지 못하는
아니, 적어도 내 지식과 경험 기준으로는
절대 표현하지 못하는
그런 '선'이라는 것이 있지.

눈빛, 손짓, 입모양, 자세, 손떨림,
말투, 머리 길이, 생김새
그리고 선입견과 편견.
무엇일까.
선이라는 것

고작 그것들이 내 사랑과
좋아하는 감정을 좌지우지 하나
모르겠지만,
도저히 모르겠지만

내가 그를 좋아하는 것을
내가 그들에게 호감을 느끼는 것을.
흔드는 것은 아닐까

지겹다.

내 안에 갇혀 사는 것도.
내 안에 있는 것만 고집하는 것도.

나를 놓지 않는 것도.

멀었다.

산다는 것은,
사랑하는 것은.

말의 쓸모

말 없이 술잔을 따라주는 것
말 없이 내 옆에 있어주는 것
말 없이 나를 지지해
주는 것.

말 없이 손 잡아 주는 것
말 없이 박수쳐 주는 것
말 없이 웃어주는 것.

말 없이
함께 동행해 주는 것
뜻을 함께 하는 것.

말이란,
없는 것이 쓸모.

YoU Are

당신은 나에 대해서 얼마나 아는지
당신은 나에 대해서 무엇을 아는지

그렇게 훔쳐보기만 하는 당신은
나를 볼 자격이 있는지,
마주 할 자격이 있는지

나는 당신에게 물어보고 싶습니다.

나는 어떤 사람인가요?
당신의 마음에 있기나 한가요?

아님,
마음이 품지 못해 튀어 나온
삐뚤어진 모습의
그 녀석을 위한 도구인가요?

자유롭고 싶습니다.
더 자유롭고 싶습니다.

그러기 위해서는 당신의 도움이 필요해요

나를 당신만의 뜻대로만
가두질 마세요.
당신의 그릇대로만
가둬두질 마세요

나는 어디든지 재가 되어,
날아갈 수 있습니다.

나는 화산,
언제든지 분출하며
어디서든 타오를 수 있는 뜨거운 존재.

다만 지금은, 나를 식혀주세요
당신 앞의 나를 지켜주세요

재가 되어 훨훨 날아다니다가
잠시 만나,
인연이 되어
이렇게 마주했네요.

부탁드리건데,
우리 적어도 이렇게 잠시 만나는 동안에는
나를
놓아주세요.

언제든 다시 당신의 눈 앞에서
넘쳐 흘러드릴테니.

그러니까
지금 당장은 나에게 가장 큰 자유를 주세요.

일방적인 당신의 생각에서,
그 그릇에서, 난 조금 벗어나고 싶습니다

잊으세요.
당신의 뜻대로 나를 기억하는 한,
우리는 영원히 친구가 될 수 없으니

잠시 눈을 감아주세요.
당신 뜻이 흘러나오는 그 눈빛을 나는
아직 견뎌내기가 어렵습니다.

오늘도 나는 자유롭고 싶어요

높아가는 숫자는
왜 하늘이 아닌,
누군가의 그릇 안으로만 향하는 것일까요

나는 자유를 원해요.

당신의 자유가 아닌,
끊임없는 나의 자유

내 하나뿐인 작은 심장이 지닌,
화산의 뜻을 품은 가장 큰 자유.

그것이 바로 내가 여기까지 살아 온 이유이며,
존재했던 이유입니다.

당신은 어떤가요?
당신은

Fashion Song

껍데기를 노래했네
그 시간에 소주나 한 잔
더 마실걸.

껍데기를 사랑했네
그 시간에 여행이나 한 번
더 다닐걸.

패션을 노래했네
패션을 사랑했네!

엿 같은 것들 투성이었네

그래도
너네보다는 내가 더
풋같고
내가 더
양아치라

미친듯이 좋아.
내가 이겼어.

장자와 소크라테스 2

아는 것과,
모르는 것

힘은 어디에서 나오는가.

아무 것도 모르는, 갓 태어난 아기
비로소 많은 것을 알았지만, 곧 죽어가는 노인

우리는 삶과 죽음, 어느 쪽에서 더 해방을 느끼는가.

광활한 지식을 위해 부단히 노력해 온 시간,
무한한 자연 속에서 흘러가듯 살아가는 지혜.

우리는 무엇에 더 가치를 두는가.

삶에 답은 있는 것인가,

그저
아는 노래
모르는 노래
이 노래 저 노래 뒤섞어
때론 울고, 웃으며
높은 하늘 아래
낮은 땅 위 그 사이 어딘가에서,

경계없이
마음껏 노래할 수 있다면.

춤

선명하다.
요즘 그 어느때보다 선명하다.
보려했던 것들을 정확히 보게 되고,
보려하지 않으려 하는 것들을 보게 되어도
상관이 없다.

사고가 맑고,
선택에 완벽한
자유가 있다.

나는,
물어 둥둥 떠서 하늘을 마주하며
춤을 추고 있다.

꿈이 가까워진다.
그 누구에게도 지지않는,
결코 물러서지 않는,

나는 지상낙원 제일의 날라리.

요즘 것들

지들이 그거라고
이해해 달란다.
지들이 그거라고
이러이러 한단다.
지들이 그거니까
그래도 된단다.
지들이 그거니까
그것만 하고 싶단다.
지들이 그거니까
그것은 하기 싫단다.

다행이야.
게으르고 멍청해서.

고마워.
같이 사는 이 세상에서
망하는 역할 자처해줘서.

좋아
부자될 수 있겠어!
저 멍청한
요즘 어린 것들
돈 쭉쭉 빨아먹어야지.

평행선

지긋지긋한 날들의 연속
지글지글 끓어 오르는 감정

건조함마저도 끓여내는 나는
기어코 이지경.

건조함에 대항하는 연금술사.

너가 지나
내가 지나
어디 끝까지 싸워보자.

이 지긋지긋
이 지글지글
인생아!

현아와 던이

날아,
훨훨 날아

더 높이,
꿈보다 더 높이

연습해온
배워온
모든 것들을 뛰어 넘고
엎어버려!

그 누구도 예상하지 못하는 곳으로
튀어 나가 버려.

예상 따위 뛰어 넘어
훨훨 날아

패션 화보 촬영장

찰칵찰칵
빛의 향연
째깍째깍 빛들의 잔치.

분주한 손 놀림
아메리카노 혹은 라떼와 빵과 음악과
다수의 실장과 디렉터들.

과한 액션,
그리고 칭찬

길쭉이든, 홀쭉이든
모두 선 넘는 녀석들 뿐

빛들의 향연
패션 화보 촬영장의 풍경

바로 빛잔치.

아름다움과 멍청함 사이에

너가 있네
내가 있네

우리가 있네.

지독히 아름다운 인간과
지극히 바보스러운 사람은
공통점이 있어.

둘 다 자기를 잘 모른다는 것.

그래서 그들은 언제나
1:1 동점

그 사이에 악마가 있네

싸우지들 마
똑 같은 놈들끼리.

매거진의 꽃, 편집장의 글

패션 매거진 통틀어서
일 가장 하지 않는
괴짜들이 쓰는 글.
아,
글이었나
자랑이었나
허세였나?

내 생각에 이 글은
가장 창의적인
막내들이 쓰는 것이 맞아.
다 알고 검은 속내를 가진 우리 같은 새끼들보단

너무 구린내가 나.
고인 물,
고인 글
꼰대새끼들.

그러니까 이딴 글 따위에
현혹되지 말고
설득되지 말고
너 뜻,
너 생각대로 살아

너를 찾고, 향하고, 관찰해

남 따위
편집장 따위
패션 따위 말고,
바로 너.

오늘부터 너가 편집장 해
평생 쭈구리처럼 살지말고.

깐부 치킨

치킨이 까부네
맥주에 한 입
꺼리밖에 안되는게

와인은 어떨까
기름이 와인을 흐릴까
치킨이 까부네

깐부 깐부.
이 낭만적인 이름

난 까부는 새끼들이 좋아.

어제 처음 먹어 본
까부는 녀석

언제든지
내 입으로 들어와.

속에서는
얌전히
나의 일부가 되렴

이 한입꺼리밖에
안되는
닭 새끼야.

밥 딜런

딜런이라는 이름을
지닌 거물중의 거물.

하필 이름도 밥
너무도 익숙한 우리의 밥.

언제나
밥 딜런의
희망찬 노래를 들으며
패션의 미래를 포장한다.

주황색 택배 봉투에
밥 딜런의 노래를 함께 담아
수백 수천개의
패션 매거진을
전송한다.

이 딜런들아
우리의 배설을 받아라.

MAPS

돌고 돌아
잇고 잊어
있어.

계속 이어진다.

끝없는 직진과
후진을 반복하여

기어코 도착한다

어떤 그림인가
어떤 사진인가

높이가 아닌
넓이로
세상을 바라본다.

낮고 넓은 책을,
사람을 이어,
높이 쌓아

세상에
싸움을 걸 것이다.

지식이 아닌
지혜로
학력이 아닌 활력으로
세상을 물들일 것이다

가장 작은 것이
가장 크다고 믿어,

이렇게 내 마음을 크게 만들었다.

아,
나의 지도
바로 세계 지도.

둥글게 둥글게
계속 돌아다오.

돌고 돌아
의롭게 타주오.

그렇게 있다가
또 잊어서
흔적도 없이 사라져 주오.

뜻만 남긴채,
하나의 단어만 남긴채.

그런 고귀한 존재로
사라지고
남아주오.

그러니,
아직은 살아주시오
제발.

사랑을 주시오.

친구를 통한 자위

외로운 것이
한없이 싫다가도
또
누군가 다가오면
그 또,
한없이 싫어진다.

무던한 것을
바라면서도
어떤 날은 또,
시끄럽기를 기도한다.

기록적인 삶을 지향하다가도
무엇에 의미를 두냐며
또 지우기를 반복.

의미를 두며 세속적인 삶을 지향했던
나를 자책하며
다시 그것을 지양한다.

나의 중심
나의 해방,

과연 진실일까
나는 무엇에 기대고 있는 것일까,

아무리 나를 보려해도
더욱이 내가 보이지가 않는다.

그래서 나는 너를 거울삼아
나를 보고 있는 것은 아닐까
바라보고 있는 너는
나였던 것일까.
마주보고 있는 너는,
너라고 착각에 빠진 나였던 것일까.

친구여
내가 기대고 있는 유일한 그대
나의 친구여,

벗
우리는 친구일까
나는 너를 거울 삼아
나를 위로하는 것은 아닐까.

벗이라는 통로를 만들어
내가 나를,
기어코 내가 나를 스스로 위로하는 것은 아닐까

당신은 그런 공간이 아니었을까.
너는

친구였던 너가
바로 나 자체였을까

한없이 기대도 다시 차가워지는 것은
바로 그런 이유 때문일까.

내가 누군가를 평가한다는 것,
누가 누군가를 평가한다는 것

지랄.
세상엔 온통 나 뿐인걸.

2022년 10월 29일

꽃을 피우기도 전의 청춘들,
부디 더 이상은 고통이 없기를.

아픔을 함께 나누지 못해 미안합니다.

상처받은 친구들과 가족들 모두,
부디 기억과 기록의 아픔에서 점차 해방되시길.

고통받았던 청춘들을 애도하며,
가슴 깊이 고인의 명복을 빕니다.

치열한(했던) 당신들의 청춘을 영원히 기억합니다.

위대한 소녀를 마주한 뒤, 나는 완벽한
패배에 직면했다.

가장 접힌 그대의 모습에
절로 고개가 숙여지는 것은

가장 활짝 펼쳤던 그대의 청춘 모습이
떠올라서일까.

더욱
더욱 고개를 숙일 수 있는
내가 되기를.

작은 것에 더욱 고개를 숙일 수 있는
내가 되기를

그대의 용모와 동작을,
살아 온 응집된 공간을
함축된 시간을
어찌 감히 내가 판단을.

위대한 그대여.

나의 작음을 용서하고
그대 못지않게 살아가게끔
그대 못지않게 죽음에 용기를

가질 수 있도록
희망을 주시오.

지금은 가장 작지만
평생을 너무 크게 살았던
위대하고 아름다운
작은 그대여.

살아온 세상 끝에
기어코 세상의 큰 뜻을 품은
영원의 그대여.

말 한마디 손짓 하나에
나를 옴짝달싹조차
못하게 만드는

완벽한 그대여.

완전 졌어.
젠장

찰칵

나의 시간 속에 공존하는 것들과 마주했다.
정면으로 솔직하게

아름다웠지만,
어리석음 투성이

내가 마주하는 이 두 가지의
있는 그대로를
기록하고 싶었다.

난 사진가가 아니었고,
앞으로도 그럴 예정이다.

단지 흘러가는 시간을 기록하고,
누군가의 생각과는 반대로도 움직일 수 있는
무한의 자유를 가진
전능한 몸뚱아리!

흔하디 흔하고 겹치는 정보 따위가 아닌
시간을 담고 싶었다.

구원

이웃이 누군가의 손길을 원한다면,
그 손길이
나의 손길이길 희망한다.

나 역시
이 양아치 같은 인생,
끊임없이 구원 받았고
나눠 받았으므로!

그대 내 품에

잠깐이지만 나였던 것들,
그것들을 동경하고 사랑한다

지나간 모든 것들을 잊어가고,
지나간 모든 것들을 이어간다.

그렇게 잊고, 이어 있게 만들 것이다
그리고 그것들을 다시
동경하고 사랑할 것이다.

개인의 삶은 유한하지만,
세상이 가진 무한의 자유를 누리고 싶다

지나간 모든 것을 사랑하고
다가 올 무언가를 언제나 마주 볼 것이다

잠깐 나를 잊고
다시 이것을 잇고

그렇게 돌고 돈다.
나를, 세상을
너를.

존재감

자존심은 높고
자존감이 낮은 인생.

자존감은 높고
자존심이 낮은 인생

둘 다 좆같으니
남 말고,
너 자신 보며 살아

식탁에서 인스타그램 하지 말고.

2013년 6월 22일 오전 4:02

묵묵히 자기 할 일들이나 하고
요란들 좀 그만 떨었으면 한다.

아,
구려.
더럽게 추워.

구찌, 발렌시아가

옷 좋아하고
패션 좋아한답시고
사 입는 그 꼬락서니.

돈은 니들이 내고
걔들이 너네를 입고 있다는 현실을
너네는 알랑가 몰라.

구찌와 발렌시아가의 로봇들.
한심한 놈들

예술을 한다고 말하는 녀석들

사업가라고 말하는
사람들보다
그들이

훨씬 사업을
잘하는 것이 분명해.

재능 낭비하지말고,
사업을
이제 시작해보는 것이 어떠신가.

하늘에서 헤엄치는 사나이

어릴 때
같은 시기에 같은 일을 시작했던
어떤 친구는
수백수천억의 자산가가 되어있기도
하고
또 다른 친구는 정치인의 길을,
누군가는 대단한 높이의
건물주가 되어있기도 하다.
돌이켜보면 다 내 자리가 되었을 수도 있는
그런 자리다.
나를 알만한 사람들은 알겠지만.

그러나 아니다.
난 지금도 이렇게 글을 쓰고 있다.

지금도 이렇게 여행하고
다시
제자리로 돌아가는 중이다.

지금도 이렇게 누워서 하늘을 보고 있다.

오직
록스타!

그건 절대 양보 못해

신이 내린 물방울 앞에 그대여

와인 한잔.
위스키 한잔.

물 한 모금

와인 한잔
위스키 한잔

물 두 모금

소주,
아 소주
어디있나 소주는.

그렇게 또
와인 한잔
위스키 한잔

아 취해

고마워요
나에게 술을 따라주는
모두들.

거지같고
예민한
나를 앞에 두고
술을 마셔주는 그대들이,
내 앞의 유일한 승자!

뜻

글 하나 쓰는데
대략 걸리는 시간,
2-3분

여기까지 오는데 걸린시간
40년 6개월.

그대들은 내 인생을,
이 한 장의 글을,
단 1분만에 읽고 있다오.
내 인생을
단 1분만에 평가하고 있다오.

그러니까 나 역시
당신들을 진지하게 대하지 않고
대충의 글을 쓰고 있지.

너넨 당했어.
펜이라는, 글이라는 하찮고 날카로운 병신에게.
고귀한 1분이라는 시간에.

호강에 겨운 양아치

매거진 좀하고 있다고,
머리가 좀 길다고,

오랫동안 같은 일
뭐 좀, 하고 있다고

항상
친구들 덕에 내 인생
호강하고 살아.

같이 한 흔적남겨,
너네보다
빨리 죽을 테니

그 덕에 너네 호강하고 살아.

고백

내 마음,
내 마음 안에는
무엇이 있을까.

너와 내가 있길 바라는 마음,
언제나 그 마음
나 하나,
너 하나

그러나
언제나 내 마음엔

너 하나
나 둘.

그렇게 셋이
영원히 살자.

장벽

살다보면
사랑하는 당신보다
더 사랑하는 나에게
마음이 더욱 가곤하지.

돌이켜보면 미안하지만
그때는 그렇게
앞만을 바라보곤 했지

이상해.
내 눈 앞에는 너가 있는데
내 눈은 또 무슨 앞 날을 위해
앞 만을 바라봤을까.
앞 너머에는 무엇이 있었을까

아직도 모르겠어.

앞 만을 보기도
속 만을 보기도
아예 다 눈을 감아도
어떤 슬픔도
기쁨도,
최고의 쾌락도

그 끝엔 무언가 찝찝해
다 뛰어 넘어 여기까지 왔는데.

너.
이거 하나 언제 무너뜨릴 수 있을까

점점 커져가는 눈 앞
이 장벽 앞의
작은 나.
되려 점점 무너지는 나.

차라리 가루가 되어,
욕심 많은 이 큰 마음
둘 곳 없어
길 위에 흩날리는
벚꽃 위의 먼지가 되리.

어린 새끼들

이 새끼들은
어쩜 이렇게 건방지고 예의없고
앞뒤가 없지?

몸에 힘 없는 좀비 같은
이 꼬락서니는 대체 뭐지?

눈은 퀭하고
눈빛의 초점은 대체 어디에 있는거야!

말은 하는 둥 마는 둥
아,
그 초월적 언어들.

그래
우린 다른 세상, 같은 공간 안에 살고 있는거야.

그래서 하는 말인데,

니네 그 청춘
나 줘.

내 청춘,
한번 더 살아볼께

아직도 못 놀고
하지 못한 일들
더럽게 많이 쌓여있으니.

그 청춘,
나 주라.

어린 새끼들 2

그래도
노는건 나를 따라올 자가 없지.

(놀 때도 놀고,
일 할 때도 놀고,
지금 이 글도
존나 놀면서 쓰고 있으니까.)

노는 건 지고 싶지 않아
인생이 실패해도.

그리고 내 옆엔,
나 같은 새끼들이 몇 더 있어
부푼 꿈을 지니고 크게 노는
한심한 놈들이.

그래서 너넨
노는건 절대 나를 따라올 수 없지.

그래서 너넨
어린 새끼들이라고.

이 새파랗게 어린 새끼들아.

다 무시하고, 다 까먹고, 다 때려치고 싶어도

사랑만 한다면,
사랑하는 마음이 어떤 곳에
스며들어 있다면

다 이겨.

사랑을 하자.

요즘 것들과 요즘 것들 아닌 것들

사실은 말이야.

영원할 것 같은 청춘과
무한의 가능성을 지닌 너희들을
요즘 것들이라 불리는 너희들을

보려하지 않고
인정하지 않는
그것들이 문제라네.

그 오만함이
그 인생을
영원히
정말, 짓누를거라네.
그래서 평생을
짓눌리며 살아가는 거라네.

그들은 바로
요즘 것들을 보며
요즘 것들이 아닌 것들로
요즘 것들인 마냥
살아가는
요즘 것들이 아닌 것들이라네.

내 마음에 당신은 있지만,
정작 당신이 쉴 곳은 없어

이리도 작은 나를
사랑한
당신 탓이라 생각하시오.

쉴 곳 없는 내 탓이라
생각하는 것보다,
그것이 당신과 나
모두에게 좋을 것이오.

나를 미워하고 원망하여,
내가 낮아진다면, 당신 안의 내가 작아진다면
그것은 옳은 일인가요
그래봤자
당신만 다시 원망하여, 당신이 낮아지니

그러니 그냥 당신 탓 하고
내 탓 할 시간에
당신을 더 돌보고
사랑하시오.

그것이 나를 사랑하는 길이라오.

그것이 당신이 비로소
세상의 중심이 되는
길이라오.

내가 진정 바라는 당신의
길이라오.

순례자의 길

아침에 눈 떠,
오늘은 이 길을 가야지
그 길을 이렇게 가야지 하며
걸은 한 걸음에
또 무너지고
주저앉고.

그렇게 반복되는 일상에
또 무너지고
주저앉고

그것을 또 반복하며
이 길을 걸어.

아침에 눈 떠
이 길은 단 한 번도 생각하지 않았었는데
의도치 않게
여기까지 오게됐지

'그게 사는거야'

하나도 위로가 되지 않는
절대자의 소리.
아니, 나의 고백

오늘도 눈 떠,
이 길을 가야지
그 길을 이렇게 가야지 했지만
또 무너졌네.

다시 일어서서
내일을 맞이해야지.

비열한 청춘

끊임없는 자유와, 영원과, 청춘을 꿈꿨다.
부와 명예, 명품, 좋은 차, 직업을 넘어 나의 가장 큰 꿈이었다.

자유와 영원을 얻었다. 어느 날, 그것이 내 손에 있었다. 이토록 자유로운 사고, 시간, 공간과 순간을 영원이라 믿는 온전한 상념과 유연.

그러나 그 청춘도 나 같은 사람은 당해 낼 재간이 없었나보다.
이리도 시간이 흐르다니.

비겁한 새끼

친구 조승훈

소리 지르고,
자랑스러운.

우리 언제나
크게 한 걸음.

우리 언제나 함께.

LOUD & PROUD

언제나 하는 말

'아름다운 패배,
위대한 패배'

괴짜도 이만한 괴짜가 없지.

단백질을 먹는다

그러나 항상,
탄수화물이 더 먹고싶지

술이 먹고싶다
젠장.

안그래도 인생이 매우 퍽퍽한데
단백질을 먹어야하는 이 꼬락서니하고는.

목구녕까지 다 막혀
다 토해낼 때까지
꾸역꾸역 처 넣어봐야지

압구정동의 하루

냉모밀과
카레돈까스는
매우 일품이지

한 여름에 먹는
이 위대한 냉모밀은
먹어도 먹어도 질리지가 않아.

압구정동에서 하루를 산다면,
여기에 빠져 살고 싶어
냉모밀.

나는 40년 전, 은평구 불광동에서 태어나 지금까지 살고 있네 1

19살 때부터 24살 때까지는 친구들과 주로 함께 움직이고 사용해서 어디가 사무실인지는 별로 중요하지 않았다. 17살 때 흥미로운 것을 찾았고, 19살 정도부터 MUSINA라는 첫 직업을 가졌다. 친구들과 함께. 첫 사무실은 아마도 약수역 근처였을 것이다. 작은 앉은뱅이 책상 3개가 전부인.
24살 때 MAPS를 창간하면서, 본격적으로 개인 사무실을 사용했고 그 때부터 지금까지 줄 곧 압구정동 근처에 자리 잡아 지내왔다.
뭐가 좋은건지, 괜찮은건지, 별로인건지에 대한 기준도 없이 그렇게 자리잡아 줄 곧 지내왔다. 한 때는 압구정동의 모든 것이 새롭고 세련되어 보였다. 불광동의 모든 것이 후지고 뒤쳐져 있다고 생각함과 동시에.

그렇게 줄 곧 지내왔다.

나는 40년 전, 은평구 불광동에서 태어나 지금까지 살고 있네 2

나는 왜 이 곳에서 태어났고,
살아갈 수밖에 없는가.
강북의 가장 구석 달동네에서 태어나 만난 사람들에게 나의 동네를 굳이 설명하며 지내왔는가.

나를 질책하고 누군가를 원망한 적도 있었다.
그렇게 투덜대며 또 몇 년.
쉬지 않고 또 몇 년의 시간이 흘렀다.

동네는 기어코 발전했고, 그 아름다운 달동네는 이제 더 이상 볼 수 없게 되었다.
또 시간은 흘렀고.
그렇게 흘러, 기어코 내 마음의 허영과 자만 그리고 패션 악마까지 흘러가 사라져 버렸다.

사실 줄곧 싸우고 있었다. 아름나웠던 그것들의 염증과 자만에 대항하며.

나는 40년 전, 불광동 우리 엄마의 아들로 태어나 지금까지 패션 미디어를 만들어내고 있네

싸우고, 지치고, 무너지고, 다시 일어서고.
그 과정들은 다 각설하고_
이제는 자랑가득 압구정동보다, 자연가득 우리 동네가 좋다.

지식인들이 가득해 빠릇빠릇 움직여야 하는 그 곳보단, 지혜로운 아이와 노인들이 천천히 살아가는 이 곳이 더 좋다.

청국장이 귀한 동네보단, 청국장이 흔한 동네가 이제는 더 세련되어 보이기까지 하다. 세상 모든 흔적이 다 사라진 몇 십억의 아파트보다, 세상 누군가의 시간을 담고 있는 흔적이 있는 거친 길이 더욱 걸을 만 하다. 난 지금도 그렇게 그런 길을 걸어가며 살아가고 있다.

돈 보다 자유의 가시를 안고 태이니길 잘했어.

엄마 고마워.

행복을 사랑해보려고

어느 날엔가 이런 생각을 해봤지
사람이 가진 행복과 불행의 크기는
모두 동일한 거라고.

아침에 눈을 떴을 때,
어떤 날은
모든 것이 아름다울 때가 있어.
모든 것이 잘 될 것 같고, 기분과 감정 안에
들어 있는 모든 것이 충만하여 순환되는 순간이.

그러나 어떤 날은
모든 것이 거지 같은 때가 있지
모든 것이 안될 것 같이 자존심과
자존감이 나락으로 치닫는 기분.
그런 악순환의 순간이.

무엇일까
무엇이 나를 이쪽으로도
저쪽으로도 끌고가는 것일까.

알 수 없어
도무지 알 수가 없어.

나는 행복 그 자체를 좋아하기는 하나.
내가 느끼는 그 행복의 순간을
정말 온전히 느끼기는 하나.
더 바라고, 더 바라며
그것 자체의 하찮음에 더 큰 무게를
두고 있는 것은 아니었나.

여전히 알 수 없어.

그래서 나는 아예
행복을 사랑해보려고 마음을 먹었어.
행복과 불행이 가진 모든 속성,
그 자체를 사랑해 보려고 마음을 먹었어.

행복과 불행의 온도차가 크지 않은
그 때,
비로소 난 큰 한 걸음을 다시 걸어가려고.

친구의 엄마보다는 나이가 조금 더 많은 나의 엄마.

엄마의 젊은 시절,
엄마의 청춘은
나보다 더 화려했다고 한다.

전라북도 부안이라는 시골에서 서울로 올라와 이태원을 누비며 사업을 하고, 친구들을, 동네의 가난한 이들을 때론 깡패와 양아치들을 돌보며 지냈다고 한다.

그런 그녀가 그 모든 것을 뒤로하고 나의 아빠와 결혼을 했다. 엄마의 엄마에 떠밀려 했다고 했다. 훗날 들은 이야기지만 엄마는 아직까지 사랑이란 것을 제대로 해보지 못했다고 고백한 적도 있었다. 그런 엄마가 이렇게 우리 엄마가 되어 있었다. 사랑 한 번 제대로 하지 못했던 나의 엄마가 말이다.
엄마는 아빠와 결혼 후, 많은 아이들을 낳았고 그 중에 한 명이 나였다. 하필 또 나를 끝으로 아무도 낳지 않았다.
나는 당연히 나의 태어난 시절을 기억하지 못한다. 사진을 보며 간접 경험을 하거나, 나를 지켜보고 돌봐주던 이들의 추억을 통해 시간 여행을 하는 것이 전부였다.

내가 나의 어린 시절을_정신을 차리고_첫번째로 기억하는 것은 유치원 시절이다. 아마도 운동회, 학부모와 함께 커플로 달리기를 하는 종목이었을 것이다. 엄마는 나를 업고 전력을 다해 달렸다. 달리기를 좋아했고 등산을 좋아했던 엄마는 당연히 일등을 했다. 훗날 사진에 남겨진 엄마의 표정은 정말 기뻐보였다. 나도 정말 기뻐보였다. 우리가 정말 행복해보였다.

앞서 말했듯 나의 엄마는 결혼 후 많은 아이들을 낳았고 모든 것을 다 포기한 후, 서대문의 한약방에 한약을 달이는 일을 하기 시작했다. 아이를 업고, 키우고, 학교를 보내며, 밤낮으로 밥상을 차리며, 고약한 한약 냄새를 맡으며 일을 하며 수십년을 지냈다. 아빠와의 대립, 그리고 장남인 아빠의 동생들을 뒷바라지 하며, 엄마가 낳은 아이들을 보호하고 키우며 수십년을 지내왔다. 사랑했던, 지독히 사랑했던 사람이 없었음에도 그렇게 살아왔다.

다시금 떠오르는 유치원 시절의 운동회.
친구의 엄마보다는 나이가 조금 더 많은, 아니 월등히 많은 나의 엄마는 나를 업고 뛰었을 때 무릎이 아프진 않았을까. 심장 속에 큰 응어리가 담겨 있어 더 무겁진 않았을까.

아침에 김밥을 좀 덜 먹을 것을.

끔찍하다, 엄마의 인생
장하다, 나의 엄마!

영원히 사라지지말고 나 업어줘

〈갑순이〉

집에 마당이 있었고 강아지가 있던 시절.
아, 우리 갑순이
집을 지켜주고 남은 밥과 찌게를 좋아했던 우리 강아지. 그 때는 발발이 잡종이라며 무시 받았지만 지금은 섞인 종이 예쁘다며 특별하게 예쁨받는 종, 시대를 잘못 태어난 우리 갑순이. 햇볕 아래 참 예쁘게도 죽었던 우리 갑순이.

요즘 사료 주지 못해 미안해.
영양가 많은 요즘 간식 주지 못해 미안해.

그래도 우리 지켜주고,
나 예뻐해줘서 고마웠어.
많이 가르쳐줘서 고마웠어.

가장 높은 이름을 가진
우리 갑순이.

아빠가 사라질 때까지도

나는 아빠와 친하지 않았다. 평소에 인사와 돈 이야기 말고는 할 이야기가 없을 정도로 친하지 않았다.

아빠는 국가에서 운영하는 기관의 경비원으로 평생을 재직했다. 일의 특성상 하루를 근무하고, 하루를 쉬는 형태로 일을 했기에 나에겐 하루는 자유, 하루는 통제가 반복되는 날들의 연속이었다.
아마도 유치원 혹은 초등학교 저학년 때부터 였을 것이다. 그나마 아빠와 가까웠던 그 시절 아빠는 근무 시에 항상 집으로 전화를 걸며 이리저리 안부를 물은 후 꼭 마지막엔 나를 바꿔달라 했다. 대화는 기억나지 않지만, 대화의 끝은 선명하게 기억에 남는다.
'오케이, 땡큐, 러브, 아이러뷰-'

돌이켜보면, 아빠는 엄마와 누나들 모두와 친하지 않았다. 그 누구보다 무뚝뚝하고 술을 가까이 했던 남자가 집안의 여자들에게는 인기가 없을 것이 당연했다. 욱하는 성질에 본인 형제들을 지극히 챙기려는 그 태도도 그 인기없음에 한 몫했을 것이다. 언제나 수적 열세였으므로 아빠는 술을 더 가까이 했을지 모른다는 생각이 지금 문득 스쳐지나 갔다. 절대 아니겠지만.

태생부터 그 때까지 고독했던 그의 세월 속에, 같은 남자인 내가 태어나 조금은 귀여웠던 것일 것이었을까. 조금은 아빠보다 더 웃을 줄 아는 나를 보며 세월과 자신의 기구한 운명을 보상받고 싶었던 것이었을까. 그 쑥스럽고 간결했던 언어는.
'오케이, 땡큐, 러브, 아이러뷰-'

그로부터 쓸쓸한 세월이 수십년 더 흘러 어느 날부터 아빠는 아프기 시작했고, 항암 치료까지에 이르렀다. 아빠는 고통스러운 항암치료 또한 무뚝뚝하게 견뎌내며 하루하루를 지냈다. 그 또한 아빠스러웠다. 말 없이 술 잔만을 몰래 들던.
그 때는 그 시간을 알지 못했지만, 아빠가 돌아가시기 15일쯤 전이었다. 코에, 손에 온갖 투명한 끈을 꽂은 아빠에게 난 말했다.

'아빠, 천오백만원만 빌려주세요.'

아빠는 말 없이 내 눈을 한 동안 바라봤다. 그로부터 15일이 흘러 아빠는 세상을 떠났고, 난 그의 차가운 손을 겨우겨우 찾아 용기내어 잡았다. 난 아빠에게 술 한 잔 따라주지 못했고, 그렇게 아빠는 떠났다.

그 때 아빠가 나에게 천오백만원을 빌려줬는지 안빌려줬는지는 잘 기억이 나지 않는다. 그 당시 필요했던 직원들의 월급 천오백만원 때문에 난 그냥 평생 양아치로 살아갈 수 밖에 없다. 아빠는 그렇게 무거운 짐을 나에게 남긴채 떠났고, 그 때의 후회가 아직도 선명하다.

그 순간,
말 없이 내 눈을 한 동안 바라봤던 아빠는 나를 봤던 것일까, 아니면 내 뒤통수에서 그 상황을 비웃고 있던 저승사자를 봤던 것일까. 나에게서 그를 물리쳐주기 위해 그 강렬한 눈빛으로 내 뒤의 나를 쳐다봤던 것일까.

묵묵했던 아빠는 이제 대답조차 주지 않는다.

오케이, 땡큐, 러브, 아이러뷰-

그들도 큰 꿈을 꿨지

꼰대 머저리들이
아름다운 너희를 탓하는 것은

꼰대 머저리들이
너희보다 큰 목소리를 내려하는 것은

모두 다 배불뚝이라서야!

시간은 없고,
꿈은 흐리멍텅한
배만 나온 배불뚝이!

큰 꿈은 가끔 배로도 갈 수 있다는 것을
명심해.
귀엽지 않니?

머저리들!

시간도, 공간도
불가항력적인 누군가의 의지도
결코 나의 뜻을 꺽지 못해.

왜냐하면,
그럴 때마다 나는 취할거니까.

취해서 휘어진 나는
휘어질지언정
절대 꺾이지 않아.

오직 내가 비틀거리고,
하늘을 보고 누워.

땅이 나를 떠받들고,
하늘을 마주본다!
언제나

한잔하자.
이 머저리들아!

바람은 떠나고, 별은 흐르고

바람이 떠나가네

떠나가는 시간 속에
함께했던 기억
우리.

그곳은
바람이 떠나가고
별은 흘러가고 있었네

사람이 사람을 만나고
웃고 울고 헤어지고,
그 감정들이 이 바람타고 이어져
사랑을 하게되고.
그것이 생명을 다해 또 흘러가 점점 사라지며
반복되는 우리의 삶.
그 순간들

그 의미를 우리는 알 수 있을까.

떠나가는 바람 속에 들어있는 그 의미를
우리는 붙잡을 수는 없는 것일까
그 바람은 어디서 불어오는 것일까.

나의 이 작은 손은
나의 이 작은 마음은,
떠나가는 그 바람을 잡을 수는 없는걸까

여전히 보태려고만 하는
아직도 채워지지 않은 이 작은 가슴은,
지금 이 시간에도 꽃을 피우고 나무를 흔들어 깨우는
이 거대한 바람을
정녕 잡을 수 없는 것일까.

이 바람의 소리는 나에게 무엇을 말하고 있나
이 작은 나를, 흔드는 이 바람은 나의 무엇을 깨우려
하고 있나.
제발 나를 그 바람에 태우고 데려가주오.

상처받은 이들에게
사랑을 주저하는 그들에게 이 소리를,
의미를 고스란히 전달 할 수 있다면
나는 이 바람 속에 드러누워 하늘을 바라보겠네.

이렇게 하나의 바람이 떠나가고, 또 다른 하나의 바
람이 채워지기를 반복하는 이 의미를 나는 평생을 살
며 알아갈 수 있을까

하늘의 별이 흐르네.

흘러가는 시간 속에
함께했던 기억
우리.

바람은 떠나가고, 별이 흐르네.

어둠이 가득채워진 이 밤 속에
흘러가는 저 우주의 별들

수없이 많아 갈 길 잃은 내 마음을 비춰주며,
사랑을 찾지못해 방황하는 이들을 홀리며,
따뜻하게 흘러가네

쉴 틈없이 채워지기만을 바라는
내 속의 많은 마음들을 위로하듯,
저 광활한 어둠 속에서 더욱 빛나는 별들
오늘 따라 유난히 바람타며 흐르고 있네.

해가 뜨고 지며,
꽃이 피고 지는,
계절이 오고 가는 것을 지속적으로 바라보며

우리는 어디에서 인생의 의미를 찾고 있는 것일까.
언제나 어둠 속에서도 빛이 나는 저 별은 그 해답을
우리에게 줄 수 있을까

대답없는 저 별은
여전히 반짝거리며 하늘을 따라 흐르고 있네.

저 큰 별들이 이토록 작게 보이며 흘러가는 것은
무엇을 의미하나
내 마음 속의 많은 욕심들이 사라지는 그 순간에
비로소 나는 그 의미를 알 수 있을까

거대한 바람,
큰 별.

잡힐 듯,
잡히지 않는 희망의 존재.
소유할 수 없는 고귀한 의미.

내 마음에 그것들이 가득했으면.
떠나고, 흐르기를 반복해
그 무엇에 얽매이지 않을 수 있다면
나는 기꺼이 저 하늘 속에 드러누워 저 별들과 함께
하겠네.

바람은 노래하고 별이 춤추는 것.
이것이 인생!

그곳은
바람이 떠나가고
별은 흐르고 있었네.

Epilogue

우리는 결코 머저리(FOOL)들이 아니다.

각자가 가진 언어와 생각과 신념을 치열하게 소화하며
그에 따른 선택을 분출하는,
단 한 명의 뜨거운 청춘일 뿐이다.

아이도, 어른도
당신도 나도,
모두.

가장 작은 모습으로 태어나
가장 작은 모습으로 소멸되는 한 인간이
가장 큰 감정으로 살아가며,

각자의 위치에서
각자의 입장을 내세우며
채우고 비우기를
치열하게 반복하는 우리의 모습이,
가장 큰 목소리를 내며 살아가는 우리의 모습이

나의 눈에는 모두 다
아름다운 청춘.

그래서
그런 의미에서
우리는 모두 머저리들,

가장 선명하고 뚜렷한 자유를 가진
대체불가 '머저리(MERJEORY)'.

익숙하지만,
그 단 하나의 새로운 단어를 위한 책.

머저리들(MERJEORY)
초판 1쇄 인쇄일

지은이 유도연
발행인 김민아
발행처 (주)맵스콘텐츠미디어랩
디자인 손다빈, 권소현, 진수정, 이세림
도움 오민지

출판등록 2007년 3월 18일(제2007-000073호)
주소 서울특별시 강남구 언주로148길 31-1, 2층 201호(논현동)
전화 02-548-3123
이메일 info@maps-mag.com

c. 유도연, 2023
ISBN 979-11-981026-1-4

*이 책의 저작권은 저자에게 있습니다.
*저작권법에 의해 보호를 받는 저작물이므로 무단 전재와 무단 복제를 금합니다.
*이 책의 내용의 전부 또는 일부를 사용하려면 반드시 저자와 출판사 및 발행처의 서면동의가 필요합니다.

머저리들(MERJEORY)

Written by Ryu Doyeon

Photography by Ryu Doyeon
22p
31p
43p
66p
85p
89p
98p
121p
125p
128p
131p

Photography by Park Jongha
70p